Marie Schad

Green Marketing vs. Greenwashing

Weltrettung als Marketingstrategie

Bibliografische Information der Deutschen Nationalbibliothek:

Die Deutsche Nationalbibliothek verzeichnet diese Publikation in der Deutschen Nationalbibliografie; detaillierte bibliografische Daten sind im Internet über http://dnb.d-nb.de abrufbar.

Impressum:

Copyright © Science Factory 2020

Ein Imprint der GRIN Publishing GmbH, München

Druck und Bindung: Books on Demand GmbH, Norderstedt, Germany

Covergestaltung: GRIN Publishing GmbH

Inhaltsverzeichnis

Abbildungsverzeichnis VI

Abkürzungsverzeichnis VI

1 Einleitung 1

   1.1 Problemstellung 1

   1.2 Zielsetzung der Arbeit 4

   1.3 Aufbau der Arbeit und methodische Vorgehensweise 5

2 Das Konzept Nachhaltigkeit 7

   2.1 Definition und Einordnung 7

   2.2 Dimensionen und Ziele der Nachhaltigkeit 9

      2.2.1 Ökologische Dimension der Nachhaltigkeit 11

      2.2.2 Soziale Dimension der Nachhaltigkeit 11

      2.2.3 Ökonomische Dimension der Nachhaltigkeit 12

   2.3 Wertewandel in der heutigen Gesellschaft 13

3 Green Marketing 17

   3.1 Definition und Einordnung 17

   3.2 Einordnung in den Marketing-Mix 19

3.2.1 Ökologieorientierte Produktpolitik 20

3.2.2 Ökologieorientierte Preispolitik 21

3.2.3 Ökologieorientierte Distributionspolitik 22

3.2.4 Ökologieorientierte Kommunikationspolitik 23

3.3 Green Marketing als Erfolgsfaktor 25

4 Greenwashing 28

4.1 Definition und Einordnung 28

4.2 Methoden und Strategien 30

4.2.1 Anzeigen und Werbekampagnen 30

4.2.2 Nachhaltigkeitsberichte / Corporate Social Responsibility Reports 31

4.2.3 Verwendung von Öko-Jargon 31

4.2.4 Dritte-Partei-Technik 32

4.3 Greenwashing Beispiel RWE – Der umweltbewusste Energieriese 33

4.4 Folgen von Greenwashing 36

5 Beispiel eines Unternehmens: Grünes Marketing bei Lidl 37

5.1 Das Unternehmen 37

5.2 Marketingmaßnahmen 37

    5.2.1 PR-Maßnahmen 39

    5.2.2 Lidl – Jede Flasche zählt Aktion 40

    5.2.3 Lidl – „verantwortlicher verpackt"-Logo 43

    5.2.4 Kooperation mit Bioland 45

  5.3 Ernsthaftigkeit der Absichten von Lidl – Green Marketing oder Greenwashing? 46

6 Handlungsempfehlungen und Fazit 49

  6.1 Handlungsempfehlungen für Unternehmen 49

  6.2 Handlungsempfehlungen für Verbraucher 53

Literaturverzeichnis 56

Anlagen 64

Abbildungsverzeichnis

Abbildung 1 Drei-Säulen-Modell 10

Abbildung 2 Umweltbewusstsein in Deutschland 2018 13

Abbildung 3 Soziale und ökologische Verantwortung als Kaufkriterium 15

Abbildung 4 RWE - der umweltbewusste Energieriese 34

Abbildung 5 Anteil der Energieträger an der Stromerzeugung RWE, 2018 35

Abbildung 6 Lidl-Kreislaufflasche 41

Abbildung 7 Lidl: „verantwortlicher verpackt"-Logo 43

Abkürzungsverzeichnis

AMA	American Marketing Association
BMZ	Bundesministerium für wirtschaftliche Zusammenarbeit und Entwicklung
ca.	circa
Co.	Compagnie/ Kompanie
DUH	Deutsche Umwelthilfe
et al.	et alii/ et aliae
etc.	et cetera
f.	folgende (Seite)
ff.	fortfolgende (Seite)
FFF	Fridays for Future
Hrsg.	Herausgeber
NABU	Naturschutzbund
o.J.	ohne Jahr
PR	Public Relations
vgl.	vergleiche
VuMA	Verbrauchs- und Medienanalyse
WCED	World Commission on Environment and Development

1 Einleitung

Aus Gründen der besseren Lesbarkeit steht die männliche Sprachform im gesamten Text stellvertretend für alle Geschlechter.

1.1 Problemstellung

Extreme Wetterereignisse, Naturkatastrophen, Wasserkrisen, Scheitern des Klimaschutzes und der Anpassung an den Klimawandel, Verlust der Biodiversität und Ökosystemzusammenbrüche sowie vom Menschen verursachte Umweltkatastrophen – sechs der zehn größten Risiken, die vom World Economic Forum 2019 als eminent identifiziert wurden und denen unsere Welt heute ausgesetzt ist, sind Umweltprobleme (Myers und Whiting 2019). Die Welt, in der wir leben, steht vor großen Herausforderungen und wird nicht ewig bestehen, wenn wir so weiter machen wie bisher. Wurde in der Vergangenheit noch unbedacht mit den endlichen Ressourcen, die uns zur Verfügung stehen, umgegangen, wendet sich das Bild und das Verständnis der heutigen Gesellschaft ab von der Wegwerfgesellschaft der vergangenen Jahrzehnte. Angesichts der drohenden Gefahren des Klimawandels und der Knappheit der Ressourcen entsteht ein sich immer weiter entwickelndes Verbraucherbewusstsein hin zu einem nachhaltigeren Lebensstil. (Wenzel, Kirig und Rauch 2008, S. 9 f.). Nachhaltigkeit wird vom Nischenthema zum Trend und steigt in der Prioritätenliste der

Konsumenten immer weiter an. Begriffe wie soziale sowie ökologische Verantwortung gewinnen zunehmend an Bedeutung und sind heute wichtiger denn je. Mit dem Bewusstsein der Konsumenten steigt auch der Wunsch nach nachhaltig und fair produzierten Produkten. Das Vertrauen an Unternehmen und Produkte nimmt ab, Verbraucher fangen an zu hinterfragen, wollen wissen, wo die Produkte, die sie konsumieren herkommen, wollen sowohl mitreden als auch mitgestalten und fordern nachhaltige Innovationen ein (Wenzel, Kirig und Rauch 2008, S. 11 f.). Der Lifestyle Nachhaltigkeit erstreckt sich über alle Bereiche des Lebens und hat schon fast alle Branchen erreicht, denn der Trend geht heute weit über den Umweltschutz allein hinaus. Fair produzierte Kleidung, Naturkosmetikprodukte, der Trend Veganismus, Bio-Lebensmittel, Elektroautos und energieeffiziente Haushaltsgeräte sind nur wenige Beispiele dafür, welchen Stellenwert Nachhaltigkeit heute hat und wie stark sie bereits in unserem Alltag integriert ist.

Als Reaktion auf diese Veränderung, die Verschiebung in der Nachfrage und den steigenden Druck der Unternehmen, wächst auch das Angebot an umweltfreundlichen Produkten und Dienstleistungen immer weiter an. Denn der Wandel findet nicht nur auf gesellschaftlicher, sondern auch auf wirtschaftlicher sowie politischer Ebene statt. Bestes Indiz dafür sind die Ergebnisse der Europawahl vom 26. Mai 2019. Die Partei BÜNDNIS 90/DIE GRÜNEN, die das Sinnbild einer nachhaltigkeitsfordernden Partei darstellt, konnte 20,5 %

der deutschen Stimmen für sich gewinnen – ein Anstieg von knapp 10 % im Vergleich zur Europawahl im Jahr 2014 (10,7 %) (Bundeswahlleiter 2019). Auch die Bewegung „Fridays for Future", bei der weltweit Hunderttausende, vor allem Schüler, für die Umwelt auf die Straße gehen und streiken verdeutlicht, dass das Thema heute aktueller denn je ist und immer mehr Anhänger findet (Fridays for Future 2019). Der Markt muss auf die veränderte Nachfrage reagieren, um den neuen Bedürfnissen der Konsumenten weiter gerecht zu werden. In Zukunft wird der Erfolg von Unternehmen davon abhängen, wie sie mit den ökonomischen, sozialen und ökologischen Herausforderungen umgehen – denn Nachhaltigkeit ist mittlerweile einer der Hauptbestandteile, um langfristig erfolgreich am Markt agieren zu können (Stehr und Struve 2017, S. V).

Somit wird auch das sogenannte Green Marketing immer bedeutender. Denn die Kommunikation der Nachhaltigkeit ist für die Vermarktung von Unternehmen ebenso wichtig wie die Nachhaltigkeit selbst. Jedoch birgt dieser Trend auch ein Risiko – das Risiko Greenwashing. Es stellt sich die Frage, ob wirklich alles, was als „grün" und nachhaltig vermarktet wird, auch wirklich „grün" und nachhaltig ist und welche Werbung tatsächlich hält, was sie verspricht. Mit dem Trend des Green Marketing schleichen sich auch verbreitet schwarze Schafe ein, die die Nachhaltigkeitskommunikation von Unternehmen lediglich dazu nutzen, Imagepolitur zu betreiben, ohne tatsächlich umweltfreundlich zu produzieren oder nachhaltigen Inhalt zu verkaufen (Staud 2009, S. 5). Diese Tatsache erschwert es Unternehmen, die ihre Nachhaltigkeitsstrategie ernsthaft verfolgen zunehmend, glaubhaft zu vermitteln, dass sie etwas Gutes tun und es fällt ihnen nicht leicht, das Vertrauen der Konsumenten für sich zu gewinnen. Denn in Zeiten, in denen die Verbraucher nicht nur auf die Qualität und den Preis der Produkte und Dienstleistungen, die sie konsumieren, achten, sondern auch an ihren Auswirkungen auf die Umwelt während der Produktlebenszyklen interessiert sind, müssen Unternehmen die Produktionsprozesse, die Logistik sowie das Marketing ändern, um den veränderten Bedürfnissen der Konsumenten weiterhin gerecht zu werden (Nguyen und Nguyen 2016, Abstract).

1.2 Zielsetzung der Arbeit

Nachhaltigkeit und Verantwortungsübernahme stellen sich als aktuelle und bedeutende Themen der heutigen Gesellschaft heraus und werden es wohl auch in Zukunft bleiben. Aufgrund des hohen Aktualitätsgrades und damit einhergehend auch der zunehmenden Bedeutung von Marketingmaßnahmen und der Nachhaltigkeitskommunikation von Unternehmen, beschäftigt sich die Bachelorarbeit mit dieser Thematik. Heutzutage ist Green Marketing in beinahe jedem großen Unternehmen zu finden – doch bietet es den Unternehmen die Möglichkeit, langfristig am Markt bestehen zu können? Das Ziel der Arbeit ist es, die Bedeutsamkeit von Green Marketing in der heutigen Zeit zu ergründen, um ein

Verständnis über die aktuelle sowie zukünftige Situation zu schaffen und Handlungsempfehlungen sowie eine Orientierung für Unternehmen geben zu können. Weiterhin soll eine Abgrenzung von Green Marketing und Greenwashing erfolgen und Marketingmaßnahmen am Beispiel des Lebensmitteldiscounters Lidl diskutiert und eingeordnet werden.

1.3 Aufbau der Arbeit und methodische Vorgehensweise

Die Arbeit folgt einem gegliederten Aufbau, der nun im Folgenden erläutert wird. Nach der Einführung in die Thematik wird im **zweiten Kapitel** der Begriff Nachhaltigkeit definiert und eingeordnet, um ein generelles Verständnis zu schaffen und genauere Hintergrundinformationen zur Verfügung zu stellen und so den Einstieg in die Arbeit zu erleichtern. Weiterhin wird das sogenannte „Drei-Säulen-Modell" genauer betrachtet, auf dem das Konzept der Nachhaltigkeit beruht und welches die Ziele einer nachhaltigen Entwicklung beinhaltet. Abschließend thematisiert das zweite Kapitel den Wertewandel der heutigen Gesellschaft.

Das **dritte Kapitel** befasst sich mit Green Marketing. Nach einer generellen Einordnung und Definition des Begriffs folgt die Integration von ökologischen Aspekten in den Marketing-Mix und die Frage, ob Green Marketing ein Erfolgsfaktor dafür sein kann, dass ein Unternehmen auch in Zukunft am Markt bestehen und wettbewerbsfähig bleiben kann.

Einleitung

Im **vierten Kapitel** wird die Thematik des Greenwashing näher beleuchtet, um dieses vom Green Marketing differenzieren zu können. Nach der Einordnung und Definition des Begriffs werden verschiedene mögliche Methoden und Strategien erläutert, die anschließend an einem Praxisbeispiel näher betrachtet werden. Abschließend geht das Kapitel auf die Folgen und Auswirkungen von Greenwashing-Aktivitäten ein.

Das **fünfte Kapitel** geht beispielhaft anhand der aufgeführten theoretischen Grundlagen näher auf die Nachhaltigkeitskommunikation und die grünen Marketingaktivitäten des Lebensmitteldiscounters Lidl ein. Hierbei werden verschiedene Marketingmaßnahmen untersucht und kritisch eingeordnet.

Im **sechsten** und damit letzten Kapitel werden unter Berücksichtigung der elementaren Kriterien mögliche Handlungsempfehlungen für Unternehmen gegeben, die ein Ansatz dafür sein können, wie Unternehmen in Zukunft Green-Marketing-Maßnahmen und Nachhaltigkeit implementieren können und ein Fazit wird gezogen. Zudem werden Handlungsempfehlungen für Verbraucher hinsichtlich des Erkennens und Aufdeckens von Greenwashing-Kampagnen gegeben.

2 Das Konzept Nachhaltigkeit

Nachhaltigkeit ist heute weit verbreitet und in aller Munde. Doch was bedeutet der Begriff wirklich, welche Ziele werden verfolgt und welche Relevanz hat Nachhaltigkeit für die heutige Gesellschaft? Der folgende Abschnitt der Arbeit bietet einen Überblick über allgemeine Hintergrundinformationen, Begriffsdefinitionen und bereits vorhandene themenrelevante Literatur.

2.1 Definition und Einordnung

Eine kongruente und allgemeingültige Auffassung des Begriffs Nachhaltigkeit ist bis heute nicht gegeben. Im generellen Sprachgebrauch gibt es zahlreiche verschiedene Bedeutungen und der Begriff trifft in der Gesellschaft deshalb auf ein eher schwammiges Verständnis. Jedoch liegen einige bedeutende Ansätze vor, um sowohl das Wesen und den Ursprung, als auch den Nutzen von Nachhaltigkeit zu erörtern. Der Terminus Nachhaltigkeit findet seinen Ursprung vor über 300 Jahren, im 18. Jahrhundert, in der Forstwirtschaft. Carl von Carlowitz, Freiberger Oberberghauptmann, verlangte in seiner Schrift Sylvicultura Oeconomica im Jahr 1713 „eine kluge Art der Waldbewirtschaftung durch eine beständige und nachhaltige Nutzung des Waldes" (Hans Carl von Carlowitz/Joachim Hamberger (Hrsg.) 2013, S. 87, 105). Demzufolge sollte durch die Forstwirtschaft nur so viel im Wald abgeholzt werden, sodass sich die Bestände wieder natürlich regenerieren konnten. Das Verständnis, das wir heute von dem Begriff Nachhaltigkeit haben, lässt sich auf diese Forderung einer rücksichtsvollen Bewirtschaftung des Forstes zurückführen, um dauerhaft Ressourcen zu sichern. Nachhaltigkeit wird seit jeher mit einem langfristigen Zukunftsdenken assoziiert, um eine beständige ökologische sowie wirtschaftliche Stabilität zu gewährleisten (Ekardt 2011, S. 37 f.). Die heute bekannteste Betrachtungsweise des Terminus liegt zurück in den 1980er Jahren und wird in dem Brundtland-Kommissionsbericht definiert. Dieser Bericht mit dem Titel „Our Common Future" („Unsere gemeinsame Zukunft") wurde im Jahr 1987 von der Weltkommission für Umwelt und Entwicklung der Vereinten Nationen, der sogenannten „Brundtland-Kommission" veröffentlicht. Der Kern dieses Berichtes ist die folgende, noch heute geltende Ansicht der Definition des Begriffs Nachhaltigkeit: „Dauerhafte Entwicklung ist Entwicklung, die die Bedürfnisse der Gegenwart befriedigt, ohne zu riskieren, daß künftige Generationen ihre Bedürfnisse nicht befriedigen können" (BMZ o.J.). Durch die Veröffentlichung dieses Berichtes begann die internationale Debatte über Nachhaltigkeit und erstmals wurde ein heute noch geltendes Leitbild zur nachhaltigen Entwicklung konstruiert.

Durch den UN-Weltgipfel für Umwelt und Entwicklung in Rio de Janeiro im Jahr 1992 hat das Leitbild zur nachhaltigen Entwicklung sowohl in der Politik, als auch in der Gesellschaft an Bedeutung gewonnen. Das Resultat dieses

Weltgipfels war die Agenda 21, welche einen nachhaltigen Aktionsplan darstellte und von 178 Nationen unterzeichnet wurde. Ab diesem Zeitpunkt stand nicht mehr allein der Aspekt des Umweltschutzes im Fokus, sondern auch die Bereiche Wirtschaft und Soziales wurden mit einbezogen. (Bundesministerium für wirtschaftliche Zusammenarbeit und Entwicklung, o.J.)

2.2 Dimensionen und Ziele der Nachhaltigkeit

In der Literatur wird Nachhaltigkeit primär durch das „Drei-Säulen-Modell" operationalisiert (Prexl 2010, S. 42 f.). Durchgesetzt hat sich dieses Modell in den 1990er Jahren, kann jedoch nicht eindeutig einem Autor zugesprochen werden, da es sich über eine Zeitperiode hinweg entwickelt hat (Kleine 2009, S. 5). Demnach sind die drei Dimensionen, oder auch Säulen einer nachhaltigen Entwicklung: Ökologie, Ökonomie und Soziales. Es stellt die verschiedenen unternehmerischen Handlungsfelder dar und impliziert die Auffassung, dass eine nachhaltige Entwicklung nur durch eine zeitgleiche Umsetzung der ökologischen, ökonomischen sowie sozialen Ziele erlangt werden kann.

Entsprechend stehen die drei Aspekte in einer Beziehung zueinander und bilden das Fundament einer zukunftsfähigen Richtung. In Unternehmen können die drei Bereiche definiert werden als Zielfelder des nachhaltigen Wirtschaftens (Balderjahn 2003, S. 3, 9). Bei der Umsetzung des Konzeptes der Nachhaltigkeit kommt es jedoch vermehrt zu

Das Konzept Nachhaltigkeit

Zielkonflikten, die vorrangig zwischen der Wettbewerbsfähigkeit eines Unternehmens, also der ökonomischen Dimension und dem Umweltschutz, also der ökologischen Dimension, entstehen. Diese Konflikte erschweren die Umsetzung des Nachhaltigkeitsgedankens für Unternehmen. Nach Mathieu können die ökonomischen, ökologischen und sozialen Konflikte dennoch nicht einzeln und isoliert voneinander betrachtet sowie bewältigt werden, da sie einander bedingen. „Für eine erfolgreiche dreidimensionale Nachhaltigkeit sollte folglich versucht werden, potentielle Konflikte zu entschärfen, Abhängigkeiten zu beachten und Zielharmonien verstärkt zu nutzen" (Mathieu 2002, S. 35 f.).

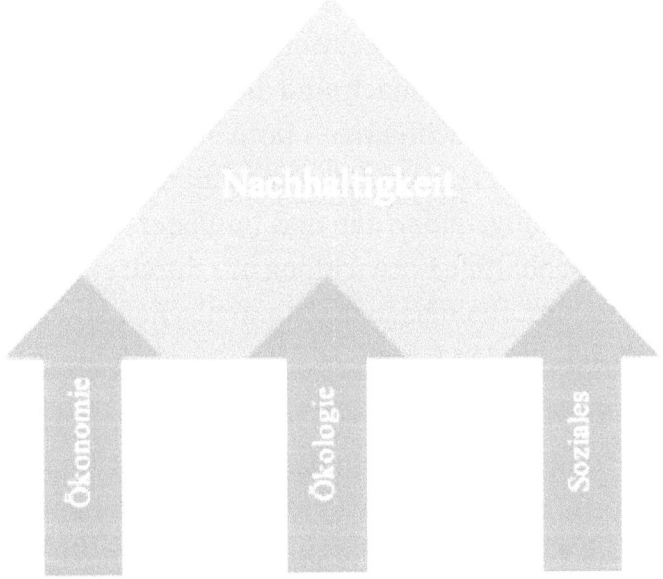

Abbildung 1 Drei-Säulen-Modell
(Quelle: Eigene Darstellung in Anlehnung an Spindler 2011, S. 13)

2.2.1 Ökologische Dimension der Nachhaltigkeit

Ziel der ökologischen Nachhaltigkeit ist es, durch nachhaltiges Wirtschaften die natürlichen Ressourcen und die Umwelt zu schonen und zu erhalten. Durch die Reduzierung von ökologischen Belastungen, Ressourcenverbräuchen sowie Schadstoffemissionen und die Senkung des Ver- und Gebrauchs von nicht-erneuerbaren Energien und Ressourcen soll gewährleistet werden, dass Öko-Systeme divers bleiben und die Möglichkeit haben, sich zu regenerieren (Prexl 2010, S. 42 f.). Ein erfolgreiches nachhaltiges sowie umweltbewusstes Marketing impliziert daher eine methodische Minderung von Umweltbelastungen und -gefahren, die in jeder Phase im Produktlebenszyklus eines Produktes wiederzufinden ist (Balderjahn 2004, S. 9).

2.2.2 Soziale Dimension der Nachhaltigkeit

Im Fokus der sozialen Dimension steht die Sozialverträglichkeit eines Unternehmens. Sie beinhaltet das Management der Beziehungen zu verschiedenen Stakeholdern (Anspruchsgruppen) und sozialen Gemeinschaften (Balderjahn 2004, S. 13). Unternehmen verstehen sich hier als Teil der Gesellschaft und wollen deshalb auch Verantwortung für diese übernehmen und die Sorge für die Auswirkungen ihres ökonomischen Handelns tragen. Um eine positive Wirkung auf die eigenen Anspruchsgruppen zu haben, müssen Unternehmen die Initiative ergreifen und einschlägige Maßnahmen sowohl treffen als auch umsetzen. Einige mögliche

Maßnahmen wären beispielsweise die Etablierung eines stärkeren Arbeitnehmerschutzes oder die Schaffung von sozialen Standards im Hinblick auf die betrieblichen Arbeitsbedingungen im Unternehmen. Ein weiteres Handlungsfeld dieser Dimension der nachhaltigen Entwicklung ist die Unterstützung sozialer Projekte, was sich ebenfalls positiv auf das Unternehmen auswirken kann (Balderjahn 2004, S. 9 f.).

2.2.3 Ökonomische Dimension der Nachhaltigkeit

Die ökonomische Dimension hat zum Ziel, Wettbewerbsvorteile für Unternehmen zu schaffen und die wirtschaftliche Leistungsfähigkeit sowohl zu erhalten, als auch zu erweitern. Erreicht werden können diese Ziele beispielsweise durch die Realisierung gesellschaftlicher und ökologischer Bedürfnisse und Anforderungen. Weiterhin umfasst diese Dimension das Potential von Unternehmen, bei der Schaffung von Wohlstand und Arbeitsplätzen mitzuwirken (Balderjahn 2004, S. 21).

Das Konzept Nachhaltigkeit

2.3 Wertewandel in der heutigen Gesellschaft

Dass Umweltbewusstsein und Nachhaltigkeit heute kein Nischenthema mehr sind und immer mehr Menschen in der Gesellschaft beschäftigt, zeigt sich auch in den Ergebnissen der repräsentativen Bevölkerungsumfrage „Umweltbewusstsein in Deutschland" des Bundesumweltministeriums aus dem Jahr 2018, das jedes zweite Jahr zusammen mit dem Umweltbundesamt herausgegeben wird.

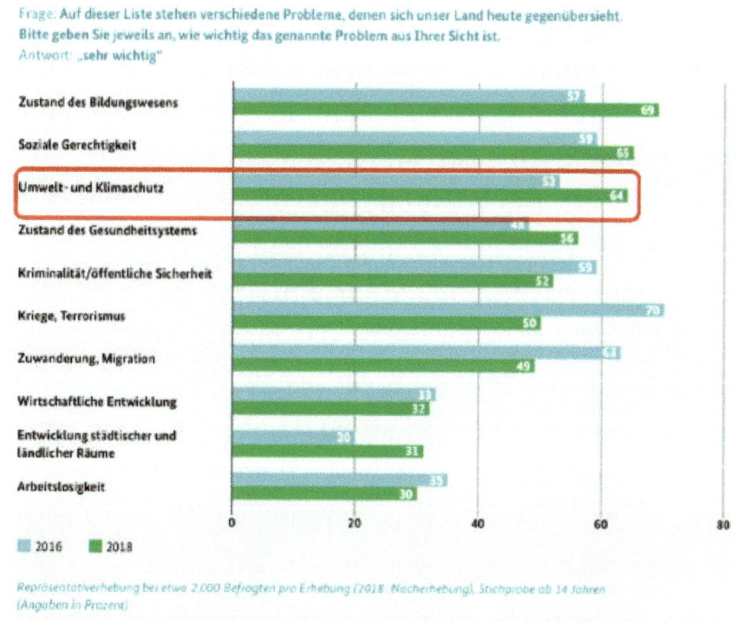

Abbildung 2 Umweltbewusstsein in Deutschland 2018
(Quelle: Bundesministerium für Umwelt, Naturschutz und nukleare Sicherheit/Umweltbundesamt (Hrsg.))

Viele Menschen messen Umwelt- sowie Klimaschutz eine immer größere Bedeutung zu. Die 4.000 Befragten waren dazu aufgefordert, zehn unterschiedliche gesellschaftliche Probleme der heutigen Zeit nach ihrer Wichtigkeit zu bewerten. 64 %, also rund zwei Drittel der Teilnehmer gaben an, dass der Aspekt des Umwelt- und Klimaschutzes für sie eine sehr wichtige Herausforderung der heutigen Zeit darstellt.

Damit stufen sie das Thema ähnlich hoch ein wie die beiden als am wichtigsten empfundenen Themen Bildung, mit 69 %, und soziale Gerechtigkeit, mit 65 %. Umwelt- und Klimaschutz hat demnach im Vergleich zu der vorangegangen Studie aus dem Jahr 2016 11 % an Relevanz gewonnen und ist für eine Mehrzahl der Menschen ein wichtiges Thema der heutigen Zeit. Die Werte der Gesellschaft haben sich in den vergangenen Jahren gewandelt und die Konsumkultur wird zunehmend nachhaltigkeitsorientierter und umweltbewusster. Die Werte werden durch das eigene Verhalten widergespiegelt und beeinflussen dieses Verhalten auch im Alltag, beispielsweise beim Einkaufen im Supermarkt, „weil sie uns Regeln auferlegen, nach denen wir entscheiden, was gut oder böse, wahr oder falsch, akzeptabel oder inakzeptabel ist." (Wenzel, Kirig und Rauch 2007, S. 20f.)

Auch die folgende Statistik unterstreicht die zunehmende Bedeutung von ökologischen Aspekten. Sie stellt das Ergebnis einer Umfrage der Arbeitsgemeinschaft Verbrauchs- und Medienanalyse aus den Jahren 2015 bis 2018 zur Bedeutung von sozialer sowie ökologischer Verantwortung als

Kaufkriterium dar und zählt zu den wichtigsten Markt-Media-Studien Deutschlands (VuMA Touchpoints 2018). Dabei wurden jeweils rund 23.000 Menschen aus der deutschsprachigen Bevölkerung ab 14 Jahren zu der Aussage „Beim Kauf von Produkten ist es mir wichtig, dass das jeweilige Unternehmen sozial und ökologisch verantwortlich handelt", befragt. Die Ergebnisse wurden auf jeweils rund 70 Millionen Menschen der Bevölkerung hochgerechnet. Weitere Informationen zu der gesamten Stichprobe sind in den Anlagen der Arbeit zu finden.

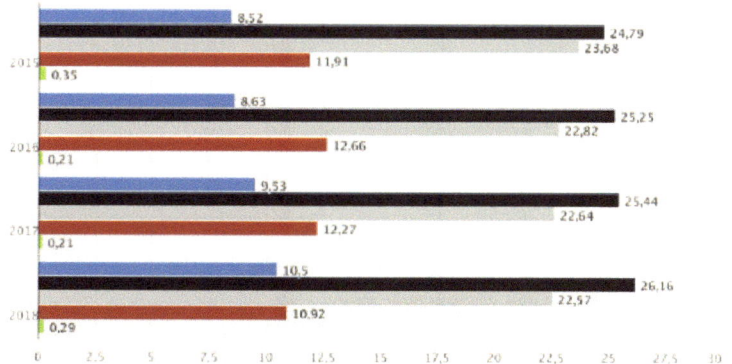

Abbildung 3 Soziale und ökologische Verantwortung als Kaufkriterium
(Quelle: VuMA Touchpoints, Statista, 2019)

Rund 10,5 Millionen Menschen, also 15 %, stimmten im Jahr 2018 der Aussage voll und ganz zu. Weitere 26,16 Millionen (37 %) sind der Meinung, dass die Aussage zutrifft bzw. meist zutrifft. Damit ist die Zustimmung der Bevölkerung zu der Aussage von Jahr zu Jahr angestiegen und soziale sowie ökologische Verantwortungsübernahme von Unternehmen wird im Jahr 2018 mehr Bedeutung zugemessen als noch 2015. Im Jahr 2015 lag die höchste Stufe der Zustimmung bei 8,52 Millionen Menschen, was einem Anteil von 12,3 % entspricht, während 24,79 Millionen Menschen (35,8 %) angaben, dass die Aussage zutrifft bzw. meist zutrifft. Der Trend zeigt, dass die Thematik auch in Zukunft immer bedeutender werden wird, denn mittlerweile ist es für mehr als 50 % der Befragten bei der Kaufentscheidung wichtig, dass das jeweilige Unternehmen sozial und ökologisch verantwortlich handelt.

3 Green Marketing

Da sich immer mehr Menschen mit Umweltfragen beschäftigen und dafür entscheiden, ihr Geld für Produkte und Dienstleistungen auszugeben, die nachhaltiger und umweltfreundlicher für den Planeten sind, gewinnt Green Marketing, auch Öko-Marketing bezeichnet, ebenfalls im unternehmerischen Sektor zunehmend an Bedeutung und scheint heutzutage überall zu sein.

3.1 Definition und Einordnung

Die American Marketing Association (AMA) hat das moderne Marketingverständnis geprägt und die Definition hat internationales Ansehen erlangt (Meffert, Burmann und Kirchgeorg 2018, S. 10 ff.). Demnach ist Marketing "the activity, set of institutions, and processes for creating, communicating, delivering, and exchanging offerings that have value for customers, clients, partners, and society at large" (American Marketing Association 2013). Es geht also grundsätzlich darum, wertvolle Angebote, die einen Mehrwert liefern und Nutzen stiften, zu schaffen. Unter Green Marketing versteht man im Allgemeinen die Vermarktung von umweltfreundlichen Produkten oder Dienstleistungen. Der Beginn des Konzepts des Green Marketings lässt sich auf das Ende der 1980er Jahre zurückführen (Peattie und Crane 2005, S. 358 f.). Es bezieht sich auf die Bemühungen eines Unternehmens bei der Entwicklung, Förderung,

Preisgestaltung und dem Vertrieb von Produkten, der Umwelt nicht zu schaden. Die AMA definiert grünes Marketing als die Vermarktung von Produkten, die als umweltfreundlich angesehen werden und die sich in verschiedene Aktivitäten wie Produktanpassung, die Änderung von Produktionsprozessen, Verpackung, Etikettierung, Werbestrategien sowie die Sensibilisierung für Compliance-Marketing gliedern Es beinhaltet alle Maßnahmen, die das Umweltbewusstsein von Produkten bzw. von Produktionsketten pointieren und stellt ein Instrument dar, mit dem Unternehmen umweltbewusste sowie nachhaltige Produktionsstrategien und Aktivitäten nach außen kommunizieren können. Ziel ist es, die nachhaltig produzierten Produkte oder Dienstleistungen erfolgreich am Markt zu platzieren sowie neue Kunden zu gewinnen und bestehende Kunden langfristig zu binden. (Yazdanifard und Erdoo Mercy 2011, S. 637)

Mögliche Aspekte sind die Entwicklung umweltfreundlicher Produkte, der Einsatz von umweltschonenden Verpackungen, die Etablierung umweltfreundlicher Geschäftsaktivitäten oder die alleinige Hervorhebung des ökologischen Nutzens von Produkten oder Dienstleistungen. Hüser definiert das ökologisch orientierte Marketing als „auf ein oder mehrere Marktsegmente ausgerichtete Tätigkeit eines erwerbswirtschaftlichen Unternehmens (...), die gewinnorientiert darauf abzielt, ein Angebot unter Berücksichtigung des Verknappungs- und Belastungseffektes der von den Marketingentscheidungen betroffenen Ökosystemen zu entwickeln und die Nachfrager von der Überlegenheit und der Wahrhaftigkeit des Angebotes zu überzeugen." (Hüser 1996, S. 21 f.).

3.2 Einordnung in den Marketing-Mix

Die Bedeutung des ökologischen Marketing-Mix wächst in der heutigen Zeit aufgrund der vorherrschenden Umweltsituation und dem daraus resultierenden stetig wachsenden Umweltbewusstsein immer weiter. Nur wenn jeder Bereich eines Unternehmens an der Umsetzung des Green Marketings mitwirkt, kann es erfolgreich sein. Die Abstimmung der Marketinginstrumente auf die Zielsetzung sowie die Positionierung eines Unternehmens ist daher von essentieller Bedeutung (Meffert und Kirchgeorg 1993, S. 209). Dabei muss im grünen Marketingmix jeder Teilschritt eine grüne Perspektive aufweisen - von der Entwicklung bis hin zur Markteinführung eines Produktes (Kotler 1991, S. 426 f.). Abgeleitet wird der Marketing-Mix aus dem konventionellen Marketing und umfasst die Instrumente der Produkt-, Preis-, Distributions- und Kommunikationspolitik, auch die 4 P's (Product, Price, Place, Promotion) genannt. Jedoch ist der Marketing-Mix nicht ausschließlich auf die genannten vier Instrumente beschränkt, sondern kann auch weitere Einflussfaktoren enthalten (Arseculeratne und Yazdanifard 2014, S. 133). Aufgrund der Limitation dieser Arbeit ist es nicht möglich, tiefgehend auf jedes Instrument einzugehen. Deshalb wird im Folgenden ein Überblick über die vier wesentlichen ökologieorientierten Instrumente des Marketing-Mix gegeben, um ein generelles Verständnis zu schaffen.

3.2.1 Ökologieorientierte Produktpolitik

Die Produktpolitik ist eines der marketingpolitischen Instrumente im Marketing- Mix und umfasst jegliche Entscheidungen über die Gestaltung des Angebotes eines Unternehmens. Die Produktpolitik entscheidet zudem über den Ausbau neuer Produkte und die Abwandlung, Umgestaltung oder die Beseitigung bereits vorhandener Produkte (Hopfenbeck 1990, S. 307). Das Produkt soll jedoch nicht ausschließlich zur Erfüllung eines Grundnutzens beitragen, sondern auch einen zusätzlichen Nutzen (Design, Umweltverträglichkeit, Preis, etc.) stiften. Durch die Auslegung der Produktpolitik auf ökologische Faktoren wird versucht, umweltorientierte Bedürfnisse von Verbrauchern bzw. Nachfragern langfristig zu befriedigen. Hierbei werden alle Produktebenen von ökologischen Faktoren begleitet und auch ganzheitliche Ansätze für eine nachhaltigere Entwicklung der Produkte finden Berücksichtigung (Wiederverwendung und Reproduktion von Ressourcen etc.). Grüne Produkte sollten also so konstruiert sein, dass sie recycelt bzw. wiederverwendet werden können.

Weiterhin sollten sie der Umwelt und der Gesellschaft nicht schaden und Rohstoffe sollten effizient genutzt werden. (Emrich 2015, S. 269 ff.). Beispielhaft wäre hierfür der Einsatz von erneuerbaren Energien, die Etablierung von

Kreislaufwirtschaftsprozessen bzw. -abläufen, die Gewährleistung biologischer Abbaubarkeit oder die Beachtung von Gesundheits- und Umweltbelangen zu nennen.

3.2.2 Ökologieorientierte Preispolitik

Die ökologieorientierte Preispolitik umfasst jegliche Entscheidungen im Hinblick auf die Bestimmung und Veränderung von Einzelpreisen und Konditionen (z. B. Rabatte) von ökologieorientierten Produkten. Ziel ist, die Wettbewerbsfähigkeit dieser Produkte durch die Anpassung des Preises zu gewährleisten. Dies ist beispielsweise der Fall, wenn ein Unternehmen ein Produkt bei gleicher Qualität zu demselben oder einem günstigeren Preis als die Konkurrenz anbietet. Für nachhaltige Produkte mit einem außerordentlichen Zusatznutzen können zwar höhere Preise gerechtfertigt werden, jedoch sollten die Produkte insbesondere im Vergleich zu konventionellen Wettbewerberprodukten eine nicht allzu große Preisdifferenz aufweisen, um keine preissensiblen Kunden zu verlieren. Da die Zahlungsbereitschaft von Verbrauchern maßgeblich den Kauf eines Produktes beeinflusst, muss ein Unternehmen die Festlegung von Preisen bewusst durchdenken und Maßnahmen für die Gewährleistung der Wettbewerbsfähigkeit der ökologieorientierten Produkte im Vergleich zu den konventionellen Produkten ergreifen (Balderjahn 2004, S. 186 f.). Die meisten Kunden sind nur dann bereit, mehr für ein Produkt zu zahlen, wenn sie in diesem Produkt einen Mehrwert erkennen. Da die grünen

Produkte einen Beitrag zum Erhalt und zu der Verbesserung der Umwelt leisten, stiften sie für Konsumenten einen Zusatznutzen, der dazu führt, dass diese bereit dazu sind, mehr Geld für diese Produkte auszugeben. Infolgedessen nimmt die Preissensitivität der ökologieorientierten Produkte ab. Der Mehrwert kann in Form von verbesserter Leistung, Funktion, Design, Optik oder Geschmack auftreten (Kumar 2013, S. 191 ff.)

Im Rahmen der ökologieorientierten Preispolitik lassen sich daher folgende Maßnahmen ableiten, die Unternehmen umsetzen können und sollten:

- ökologieorientierte Preisdifferenzierung je nach Zahlungsbereitschaft einer bestimmten Zielgruppe
- finanzielle Motivation für Anreize für die Zurückgabe von bereits gekauften Altprodukten (Pfandsysteme, Preisnachlässe)
- Ausgleichskalkulation zugunsten von ökologischen Produkten

3.2.3 Ökologieorientierte Distributionspolitik

Werden ökologische Merkmale in die Distributionspolitik mit einbezogen, ist es erforderlich, andere, neue Wege zu beschreiten um das Ziel der ökologieorientierten Distribution von Produkten und Dienstleistungen an die Käufer zu erreichen. Grundsätzlich umfasst die ökologieorientierte Distributionspolitik zwei entscheidende Aspekte:

Die Absatzwegwahl sowie die Etablierung ökologieorientierter Normen und Maßstäbe im Logistikbereich und in den Absatzkanälen eines Unternehmens (Balderjahn 2004, S. 194). Heute werden die bisher überwiegend eingleisigen Produktströme zunehmend zweigleisig. Immer mehr Unternehmen stellen Systeme der Rückführung, sogenannte Redistributionssysteme der Waren zur Verfügung und bieten damit einen Lösungsansatz für bestehende Probleme. Nach der Phase des Gebrauchs bzw. Verbrauchs wird somit das Produkt oder die Verpackung des Produktes zum Unternehmen rückgeführt. Die Konsumenten werden zukünftig diejenigen Anbieter bevorzugen, die ihnen das Problem der Beseitigung abnehmen (Hopfenbeck 1990, S. 308 ff.). Außerdem kann die Logistik in einem Unternehmen durch den Umstieg auf umweltbewusstere Transportmöglichkeiten ökologischer gestaltet werden (Balderjahn 2004, S. 194). Erreicht werden kann dies beispielsweise durch die Umlagerung von Transporten in Lastkraftwagen auf den Schienenverkehr. Weiterhin sollte der Platz in den Transportmitteln optimal ausgenutzt werden, um möglichst effektiv und effiziente Distributionspolitik zu betreiben.

3.2.4 Ökologieorientierte Kommunikationspolitik

Kommunikation umfasst die Überlieferung von Informationen mit dem Ziel, Einstellungen, Meinungen, Erwartungen oder Verhaltensweisen zu beeinflussen und zu steuern. Viele Unternehmen stehen heutzutage unter dem Druck der

Verbraucher und der Öffentlichkeit, die die aus den Aktivitäten der Unternehmen resultierenden Umweltschäden kritisieren, denn die konventionelle Marketing-Kommunikation wurde in der Vergangenheit dazu genutzt, das üppige und unbedachte Konsumverhalten der Gesellschaft zu bestärken. Balderjahn beschreibt die Ökologieorientierte Kommunikationspolitik als „(...) Einsatz aller Kommunikationsinstrumente eines Unternehmens zur zielgruppenorienterten Darstellung der Anstrengungen und Erfolge nachhaltigen Wirtschaftens im Unternehmen." (Balderjahn 2004, S. 187) Hieraus geht hervor, dass unterschiedliche Kommunikationsinstrumente genutzt werden können, um Bedürfnisse nach nachhaltigen und umweltfreundlichen Produkten bei den Konsumentenzielgruppen zu wecken und anschließend zu befriedigen. Dabei ist das fundamentale Ziel die Schaffung von Vertrauen und Glaubwürdigkeit bei den verschiedenen Zielgruppen (Kunden, Aktionäre, Öffentlichkeit, staatliche Institutionen etc.).

Eine der schwierigsten Fragen im Bereich Green Marketing ist die Frage, welche Umweltinformationen kommuniziert und wie diese kommuniziert werden sollten (Polonsky und Rosenberger 2001, S. 21 ff.). Setzt ein Unternehmen seine ökologieorientierte Kommunikationspolitik zielgerichtet und effizient ein, so kann dies zu einer Verbesserung der Reputation sowie des Images des Unternehmens führen (Prexl 2010, S. 149). Weiterhin kann durch die Schaffung von Vertrauen das von den Konsumenten wahrgenommene Risiko des Kaufes positiv beeinflusst und somit gemindert werden, da aus Käuferperspektive die ökologische Produktqualität sowie das ökologische und soziale Handeln des Unternehmens eine Vertrauensfrage darstellen. Ist das Vertrauen in ein Unternehmen bzw. ein Produkt eines Konsumenten also gering, führt dies zu einer Minderung der Kaufaktivität, da das Risiko eines Kaufes als hoch empfunden wird (Balderjahn 2004, S. 187). Vermittelt wird den Konsumenten das ökologische Bewusstsein vor allem in der Kommunikationspolitik eines Unternehmens. Folgende Maßnahmen wären dabei beispielsweise denkbar:

- Benutzen von bestimmten ökologischen Zertifikaten, Siegeln und Zeichen (z. B. Bio-Siegel)
- Public Relations, Unternehmensberichte
- Umweltsponsoring

3.3 Green Marketing als Erfolgsfaktor

Der Aspekt der Nachhaltigkeit kann für Unternehmen heute einen beachtlichen Mehrwert liefern, denn ökologieorientierte Unternehmen sind auf lange Sicht wirtschaftlich erfolgreicher als die traditionell aufgestellten Unternehmen. Zukünftig wird es deshalb kaum noch möglich sein, sich nicht mit der Thematik auseinanderzusetzen (Jonker, Stark und Tewes 2011, S. 166 f.). Eine ökologisch orientierte Marketingstrategie kann Unternehmen verschiedene Vorteile bieten und ihnen dabei helfen, sich von den Wettbewerbern abzuheben, die stetig wachsenden neuen Kundenbedürfnisse nach nachhaltig produzierten Waren zu befriedigen und sich so Wettbewerbsvorteile zu sichern. Hierfür ist es jedoch von besonderer Wichtigkeit, dass das Produkt, das vertrieben und verkauft werden soll, wirklich umweltfreundlich und nachhaltig ist. Nur so können die Chancen auf dem Markt optimal genutzt werden und das Unternehmen langfristig erfolgreich sein. Ein weiterer wichtiger Aspekt für langfristigen Erfolg von Green Marketing ist die Glaubwürdigkeit des Unternehmens und das Vertrauen, das die Konsumenten diesem und dessen Produkten bzw. Dienstleistungen entgegenbringen.

Da die Prozesse der Herstellung und verschiedenen Gefüge der Produktion oftmals schwer nachvollziehbar sind, ist es wichtig, dass dem Unternehmen Vertrauen entgegengebracht wird. Dieses Erfordernis des Vertrauens ist bei ökologieorientierten Produkten in der Regel größer als bei anderen Produkten und auch deshalb ist es umso wichtiger, dass die Verbraucher die Kaufentscheidung als richtig empfinden und ein positives Gefühl sowie ein gutes Gewissen mit dem Kauf vermittelt bekommen. Denn Nachhaltigkeit ist sowohl Lifestyle als auch Lebensgefühl für Konsumenten und eben deshalb sollte die Vermittlung von Emotionen ein wichtiger Aspekt der Green Marketing Bestrebungen sein (Berzbach 2016). Somit kann außerdem die Kundentreue und -bindung gefördert werden, da die Konsumenten zusätzlich das Gefühl haben, mit dem Kauf von nachhaltigen Produkten etwas

Gutes zu tun. Denn heute zählen nicht mehr ausschließlich Preis-Leistungs-Verhältnis, Eigenschaften oder der persönliche Geschmack, sondern eben zusätzlich das positive Kaufgefühl (Ranalli, Reitbauer und Ziegler 2009, S. 14 ff.)

4 Greenwashing

Nicht immer ist der Auslöser für grünes Marketing ein moralischer Aspekt. Das zunehmend nachhaltigere Konsumverhalten der Gesellschaft und der damit verbundene Anstieg des Marktes für nachhaltig produzierte Waren und Dienstleistungen birgt die Gefahr, dass Trittbrettfahrer ebenso an diesem Markt teilhaben möchten (Emrich 2015, S. 26 f.).Viele Unternehmen verkaufen sich nach außen grüner, als sie es tatsächlich sind und betreiben damit sogenanntes Greenwashing. Hierbei spielen Marketingstrategien eine wesentliche Rolle. Doch was ist Greenwashing, wie funktioniert es und woran ist es zu erkennen?

4.1 Definition und Einordnung

Der Begriff Greenwashing wurde bereits 1986 eingeführt und ist damit kein gänzlich neues Phänomen. Er beschreibt „the act of misleading consumers regarding the environmental practices of a company or the environmental benefits of a product or service" (terrachoice 2010). Es stellt also eine Irreführung der Verbraucher über die Umweltpraktiken eines Unternehmens oder auch die ökologischen Vorteile eines Produktes oder einer Dienstleistung dar. Ins Deutsche übersetzt bedeutet Greenwashing „Grünfärben" oder auch „Grünwaschen". Der Begriff wird „in Anspielung auf grün als Symbol für Natur und Umweltschutz und Waschen im Sinne von sich reinwaschen" (Diekamp und Koch 2010, S. 149) verwendet. Es ist die selektive Offenlegung von positiven Informationen, ohne die vollständige Offenlegung von negativen Informationen, mit dem Ziel, ein positives Image für ein Unternehmen zu generieren (Lyon und Maxwell 2011, S. 8 ff.). Der Begriff umfasst damit jegliche Marketing- und PR-Maßnahmen, die darauf abzielen, das Unternehmen in einem ökologisch positiven Licht darzustellen, ohne dass es eine angemessene Grundlage dafür gibt und ohne offensichtliche substanzielle Verbesserungen der Umweltauswirkungen des Unternehmens. Es beinhaltet außerdem "the use of nature-evoking elements in advertisements to artificially enhance a brand's ecological image" (Parguel, Benoit-Moreau und Russell 2015, S. 2), also die Verwendung von naturbezogenen Elementen in der Werbung, um das ökologische Image einer Marke künstlich zu verbessern. Oftmals ist diese grüne Imagepflege kein Indiz dafür, dass ein Umdenken in den Unternehmen stattfindet, sondern vielmehr der Ausdruck des stetig zunehmenden Druckes, unter dem diese stehen (Müller 2007, S. 2).

Emrich definiert den Begriff Greenwashing als „einen rhetorischen und kommunikativen Missbrauch ethischer Botschaften (z.B. über Marketing-Maßnahmen etc.), bei dem kampagnenmäßig „Nachhaltigkeit" von Unternehmen/Institutionen den Konsumenten lediglich vorgetäuscht wird" (Emrich 2015, S. 27).

4.2 Methoden und Strategien

Die Methoden und Strategien, die angewendet werden, um ein Unternehmen als besonders umweltfreundlich und nachhaltig zu präsentieren, sind vielfältig und beschränken sich nicht ausschließlich auf herkömmliche Werbeplakate. Aufgrund der Limitation dieser Arbeit ist es jedoch nicht möglich, auf alle möglichen Greenwashing-Methoden einzugehen. Es werden jedoch im Folgenden einige näher betrachtet. Außerdem ist anzumerken, dass jegliche Greenwashing-Methoden und Strategien ebenso Teil von Green-Marketing für ökologieorientierte Produkte sein können.

4.2.1 Anzeigen und Werbekampagnen

Für die Imagepflege und -werbung sind Anzeige- und Werbekampagnen ein beliebtes verwendetes Instrument, um Verbrauchern ein Bild des Umweltbewusstseins und der Umweltverträglichkeit zu vermitteln. Diese zielen direkt das ökologische Bewusstsein der Konsumenten an. Grüne Wiesen, eine idyllische Landschaft sowie ein blauer und wolkenloser Himmel suggerieren eine intakte, heile Welt. Das Engagement der Unternehmen für die Umwelt wird in solchen Kampagnen besonders hervorgehoben, existierende Klimaproblematiken des Produktes oder der Dienstleistung werden dabei bewusst heruntergespielt oder sogar gänzlich verschwiegen (Emrich 2015, S. 31).

4.2.2 Nachhaltigkeitsberichte / Corporate Social Responsibility Reports

Neben Anzeigen und Werbekampagnen spielt auch die generelle Öffentlichkeitsarbeit eine bedeutende Rolle. Gezielte Public-Relations-Maßnahmen zielen darauf ab, die Öffentlichkeit und deren Meinung bezüglich ökologischer Probleme positiv zu beeinflussen und zu beruhigen. Ein gängiges Instrument hierfür sind Nachhaltigkeitsberichte und Corporate Social Responsibility Reports, die von Unternehmen veröffentlicht werden, um Transparenz im Hinblick auf die Auswirkungen der Unternehmen auf die Umwelt zu schaffen, jedoch auch, um Imagepflege zu betreiben. Für die Veröffentlichung dieser Berichte gibt es kein gesetzliches Regelwerk, weshalb es an den Unternehmen selbst liegt, wie und was Inhalt des Nachhaltigkeitsberichtes ist. Diese Berichte werden beim Greenwashing dazu verwendet, ökologisch wertvolles Handeln der Unternehmen zu überbewerten (Emrich 2015, S. 31).

4.2.3 Verwendung von Öko-Jargon

Eine weitere Strategie ist die Verwendung eines Öko-Jargons, der Schlüsselwörter wie Umweltschutz, Nachhaltigkeit und Verantwortung beinhaltet. Durch diese Wortwahlen soll ein Vertrauen der Öffentlichkeit erlangt werden, auch wenn das Unternehmen in Wahrheit nicht hinter diesen Werten steht und dem Verbraucher die Ausrichtung des Unternehmens nur vorgetäuscht wird. Hierzu gehört auch die Einführung von Neologismen. Begriffe, die noch nicht negativ behaftet sind wird ein Öko-Bezug verliehen, um die Akzeptanz der Termini zu steigern. Der negativ behaftete Begriff der „Gentechnologie" ist beispielsweise durch den Begriff „Biotechnologie" ersetzt worden, da der Ausdruck Bio ein positives Image hat (Emrich 2015, S. 32).

4.2.4 Dritte-Partei-Technik

Bei der Dritte-Partei-Technik-Strategie handelt es sich um den Einbezug glaubwürdiger und scheinbar unabhängiger Dritter, die sich für das Unternehmen bzw. dessen Produkte und Dienstleistungen aussprechen (z.B. Umweltexperten oder Forscher). Diese scheinbar unabhängigen Dritten werden oftmals aber in Wahrheit durch Gelder für deren Forschungen, Zuschüssen oder Verträgen unterstützt. Ziel dieser Strategie ist die Steigerung der Glaubwürdigkeit des Unternehmens (Emrich 2015, S. 33).

4.2.4.1 Ökozertifizierungen

Der Fakt, dass jeder Ökozertifizierungen selbst modellieren kann und kein gesetzliches Regelwerk hierfür existiert, wird oft als Greenwashing-Strategie missbraucht, da Unternehmen die Leitlinien und Ziele für die Umwelt selbst gestalten können. Diese Prüfzeichen und -siegel bestehen aus Symbolen, die an ein Produkt oder eine Dienstleistung angebracht werden. Ziel ist dabei die Sicherung von Wettbewerbsvorteilen und die Gewährleistung eines hohen Wiedererkennungswertes. Außerdem wird dem Konsumenten somit suggeriert, dass sich das Unternehmen mit seinen Produkten und Dienstleistungen für die Umwelt einsetzt. Da es eine Vielzahl an verschiedenen Ökozertifizierungen gibt, ist es für Verbraucher schwierig, den Überblick zu behalten und es wird zudem nicht gewährleistet, dass ein Unternehmen auch wirklich ökologisch nachhaltig wirtschaftet und produziert (Emrich 2015, S. 34).

4.3 Greenwashing Beispiel RWE – Der umweltbewusste Energieriese

Heute suggeriert beinahe jedes Unternehmen dem Verbraucher mit aufwendig gestalteten Werbekampagnen, wie umweltbewusst und nachhaltig es doch sei, denn heutzutage, so scheint es, sind alle Klimaretter und Umweltschutzverfechter. Doch die Realität sieht meist anders aus, denn der Trend der Nachhaltigkeitskommunikation von Unternehmen ist oftmals mehr Schein als Sein, mehr Imagepolitur als Umweltschutz (Müller 2007, S. 1). Um die Relevanz und Praxisnähe von Greenwashing-Aktivitäten in der heutigen Zeit genauer zu erläutern, wird im Folgenden ein Greenwashing Beispiel näher beleuchtet.

Abbildung 4 RWE - der umweltbewusste Energieriese
(Quelle: Spiegel Online, 2009, Greenwashing: Grüner Anstrich für Konzerne)

Der Imagespot aus dem Jahr 2009 des Energiekonzerns RWE, der sogar im Vorprogramm im Kino zu sehen war, kann als Musterbeispiel für Greenwashing gesehen werden (Keul 2011). Ein freundlicher und sympathischer Riese stapft durch eine intakte und idyllische Landschaft. Er schlendert umher und platziert Windräder sowie Gezeitenkraftwerke, versorgt Elektro Autos mit Strom, Häuser mit erneuerbaren und effizienten Energien, rollt grüne Wiesen auf kargem Boden aus und pustet graue Wolken beiseite. Am Ende sorgt der Riese dafür, dass eine ganze Stadt erleuchtet. Im Hintergrund unterstreicht das Lied „I Love The Mountains" von Houaida Goulli die Idylle und die vermeintliche Gutmütigkeit des Riesen, der sinnbildlich für den Konzern RWE steht. Grün ist die dominierende Farbe in dem Spot, was ebenso wie die Musik die Naturverbundenheit hervorhebt. Der heutige tatsächliche Anteil von erneuerbaren Energien an der Stromerzeugung von RWE erscheint im Vergleich zu anderen Energieträgern verschwindend gering. Lediglich 5,6 % des Stroms wurde im Jahr 2018 durch erneuerbare Energien erzeugt, wohingegen über 80 % der Stromerzeugung durch Kohleabbau und Gas gewonnen wurde. Der Kohleabbau wird im Spot, der insgesamt eine Länge von 2:05 Minuten hat, auf nur 5 Sekunden heruntergespielt. Kernenergie, die immerhin noch über doppelt so viel ausmacht wie die erneuerbaren Energien (12,6 %), findet gar nicht erst Erwähnung im Imagefilm. Der Spot zielt also klar darauf ab, den Konzern in einem ökologisch positiven Licht darzustellen, ohne dass es dafür eine angemessene Grundlage gibt. RWE suggeriert dem Verbraucher, grüner zu sein als der Konzern tatsächlich ist, verschleiert die Tatsache, dass das schmutzige Kerngeschäft der Kohlegewinnung weiterhin bestehen bleibt und stellt somit ein gutes Beispiel für Greenwashing dar.

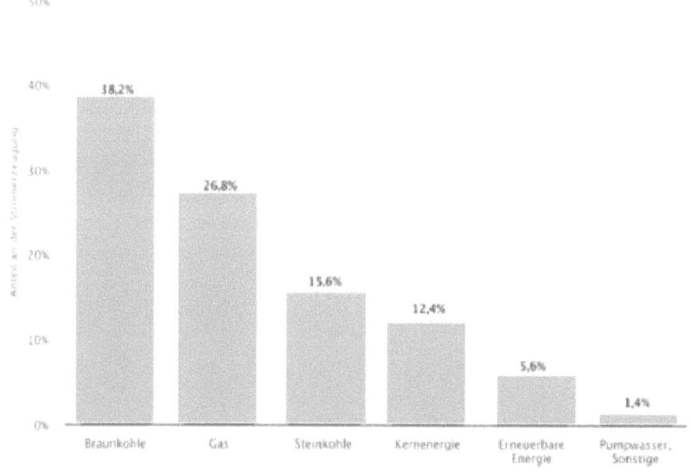

Abbildung 5 Anteil der Energieträger an der Stromerzeugung RWE, 2018
(Quelle: Statista, 2019)

4.4 Folgen von Greenwashing

Greenwashing ist jedoch für Unternehmen immer auch ein Risikofaktor. Werden die Werbebotschaften und der öffentliche Auftritt von Verbrauchern hinterfragt und es stellt sich heraus, dass es keine fundierten Maßnahmen für eine ökologische Ausrichtung des Unternehmens gibt und nur versucht wird, von anderen Problemen, die die Produkte bzw. Dienstleistungen verursachen abzulenken – das Unternehmen sich also lediglich als grün verkauft, es aber nicht ist – so kann es zu einem immensen Vertrauens- sowie Glaubwürdigkeitsverlust des Unternehmens führen (Busch 2012). Da die Reputation eines Unternehmens für mehr als ein Drittel des Umsatzes verantwortlich sein kann, so kann ein Imageschaden durch Greenwashing zu starken Umsatz- sowie Gewinneinbußen führen. (BIESALSKI & COMPANY 2018)

5 Beispiel eines Unternehmens: Grünes Marketing bei Lidl

5.1 Das Unternehmen

Lidl ist ein deutsches Discountunternehmen, das heute sowohl Lebensmittel als auch Non-Food-Produkte anbietet und seinen Hauptsitz in Neckarsulm, Baden-Württemberg hat. Die ersten Filialen des Unternehmens wurden in den 1970er Jahren eröffnet, die Expansion in Deutschland erfolgte bis Ende der 1980er Jahre und seit Anfang der 1990er Jahre ist der Konzern international in beinahe allen Ländern in Europa präsent. Mit insgesamt über 10.800 Filialen in 29 Ländern ist Lidl der größte Discounter Europas. Außerdem befindet sich das Unternehmen in Deutschland unter den Top 10 der Lebensmitteleinzelhändler. Als Tochterunternehmen der Schwarz-Gruppe verzeichnete Lidl im Jahr 2018 mit 81,2 Milliarden Euro ca. vier Fünftel des Gesamtumsatzes der Gruppe. Der Leitsatz des Unternehmens ist dabei, den Kunden beste Qualität zum bestmöglichen, niedrigsten Preis anzubieten (Lidl o.J.).

5.2 Marketingmaßnahmen

Auch der Lebensmitteldiscounter Lidl ist mittlerweile auf den grünen Nachhaltigkeits-Zug aufgesprungen und versucht mittels verschiedenster Strategien und Methoden seine ökologischen und sozialen Handlungen zu

37

Beispiel eines Unternehmens: Grünes Marketing bei Lidl

kommunizieren. Doch kann ein Discounter dieser Größe überhaupt nachhaltig sein? Lassen sich die Attribute umweltfreundlich und billig vereinbaren? Betreibt Lidl wirklich aufrichtiges Green Marketing oder steckt hinter dem Auftritt womöglich lediglich Greenwashing, um das eigene Image aufzubessern und dem Unternehmen einen positiven, grünen Anstrich zu verleihen? Die Arbeit geht im Folgenden auf diese Fragestellungen ein. Dabei werden unterschiedliche Maßnahmen, die Lidl in der Vergangenheit ergriffen hat, näher beleuchtet.

Auf der Unternehmenswebsite www.lidl.de lassen sich unter der eigens errichteten Rubrik „Verantwortung" Maßnahmen und ökologieorientierte Zielsetzungen, die Lidl verfolgt, auffinden. Lidl kommuniziert die Nachhaltigkeitsstrategie vor allem über den Webauftritt. Der Verbraucher hat hier die Möglichkeit, sich über die ökologieorientierten Werte des Discounters sowie dessen Maßnahmen zu informieren. Ergänzend dazu lassen sich diese Informationen auch durch das Videomaterial auf der Website finden, in denen der Discounter für seine Nachhaltigkeitsstrategie wirbt und auf das verantwortungsbewusste Handeln aufmerksam macht. Dabei hat der Konzern nach eigenen Angaben „eine große Verantwortung für Mensch und Natur. Diese gesellschaftliche und ökologische Verpflichtung nimmt das Unternehmen sehr ernst. Es ist unser Anspruch, nicht nur Vorbild, sondern auch Vorreiter zu sein. Daher haben wir uns zum Ziel gesetzt, Deutschlands nachhaltigster Discounter zu werden. Entlang der gesamten Lieferkette möchte Lidl dazu beitragen, Ressourcen zu schonen, dem Tierwohl gerecht zu werden und das Leben der Menschen zu verbessern. Dazu gehört, respektvoll mit Kunden, Mitarbeitern und Geschäftspartnern umzugehen und sich in den Bereichen Umwelt, Gesellschaft und Sortiment zu engagieren" (Lidl 2019).

5.2.1 PR-Maßnahmen

Um die Verantwortungsübernahme zu kommunizieren hat das Unternehmen etliche Marketingmaßnahmen ergriffen. So brachte Lidl für die Geschäftsjahre 2016 und 2017 erstmals einen Nachhaltigkeitsbericht sowie einen Fortschrittsbericht heraus. Demnach versucht der Discounter, Transparenz zu schaffen sowie die Meinung der Öffentlichkeit positiv zu beeinflussen und zu beruhigen. Die Berichte dienen Lidl zum einen zur Schaffung von Transparenz und Authentizität, zum anderen aber auch zur Imageverbesserung, da in diesen Berichten ausschließlich auf das ökologische Handeln, nicht jedoch auf Schwachstellen und Negativaspekte des Wirtschaftens des Unternehmens eingegangen wird. Teil des Nachhaltigkeitsberichtes „Heute für Morgen Handeln" ist die Veröffentlichung von gesetzten Zielen, die bis zum Jahr 2030 erreicht werden sollen. Neben diesen Zielen sind außerdem konkrete Maßnahmen und Kennzahlen im Bericht enthalten. Beispielsweise sollen 10 % des Sortiments bis 2025 Bio- und Bioland-Qualitätsprodukte sein und der Plastikeinsatz um

20 % bei Eigenmarken des Discounters reduziert werden (Lidl 2019).

5.2.2 Lidl – Jede Flasche zählt Aktion

Im Jahr 2016 startete Lidl die Werbekampagne „Jede Flasche zählt", mit der das Recycling der Lidl-Einwegflaschen beworben wurde – die sogenannte „Lidl-Kreislaufflasche". Mit dieser Kampagne hat das Unternehmen seinen Beitrag zur Umwelt sowie das unternehmenseigene Recyclingsystem für PET-Flaschen gelobt, für den Kauf der Flaschen geworben und versucht, ein umweltfreundliches Image zu erlangen. "So reduzieren wir mit Ihrer Hilfe den Rohstoffeinsatz um durchschnittlich 55 % und sparen über 50.000 Tonnen CO_2 jährlich", gibt Lidl in einer PR-Anzeige an (Gelbrich, Wünschmann und Müller 2018).

Sowohl die Kreislaufflasche als auch die Gestaltung und das Layout der Werbekampagne sind in Grün gehalten, was zusätzlich die Naturverbundenheit sowie die Unbedenklichkeit symbolisiert. Weiterhin wurde für die Kampagne ein Kurzfilm zur Erklärung des Kreislaufs auf der Website des Discounters veröffentlicht, der Transparenz und Verständnis schaffen sollte (Online Focus 2016).

Beispiel eines Unternehmens: Grünes Marketing bei Lidl

Abbildung 6 Lidl-Kreislaufflasche
(Quelle: Lidl, Screenshot aus dem Kampagnenvideo auf YouTube, 2016)

Die Deutsche Umwelthilfe (DUH) hat die „Jede Flasche zählt" Kampagne des Discounters aufgrund von Greenwashing und damit Verbrauchertäuschung öffentlich angeprangert. „Einwegflaschen aus Plastik sind wiederbefüllbaren Mehrwegflaschen ökologisch deutlich unterlegen, weil sie ressourcenintensiver in der Herstellung sind, das Klima besonders stark belasten und unnötige Abfälle produzieren. Durch die bis zu fünfzigmalige Wiederbefüllung von Mehrwegflaschen müssen Verpackungen nicht millionenfach neu hergestellt werden.", so DUH-Bundesgeschäftsführer Jürgen Resch in einer Pressemitteilung: „Lidl täuscht seine Kunden mit der Behauptung, durch den Kauf von Einweg-Plastikflaschen die Umwelt zu entlasten. Dabei ist Lidl mit seiner Weigerung, Getränke in umweltfreundlichen Mehrwegflaschen zu verkaufen, einer der Hauptverursacher für die klima- und umweltschädliche Plastikflaschen-Flut in Deutschland" (Deutsche Umwelthilfe 2016). Außerdem wurden keine Vergleichswerte hinsichtlich der beworbenen Einsparungen veröffentlicht, was die Transparenz der getätigten Aussagen deutlich einschränkt. Auch wenn die beworbenen 55 Prozent der Flasche aus Recyclingmaterial bestehen, bestehen die restlichen 45 Prozent, also immer noch knapp die Hälfte, aus neu produziertem Plastik. Grundsätzlich ist die Angabe des Discounters richtig, dass Recycling die Umwelt entlastet, denn zu recyceln ist besser als gänzlich neues Plastik zu verwenden. Jedoch benötigt der Recyclingvorgang viel Energie und schadet somit wiederum dem Klima.

Weiterhin sind Einweg-Plastikflaschen deutlich umweltschädlicher als die konventionellen Mehrwegflaschen, die hinsichtlich ihrer Ökobilanz besser abschneiden. Mehrwegflaschen werden nach der Rückgabe gereinigt und wieder befüllt, was deutlich weniger Energie- bzw. Ressourcen verbraucht als Neuproduktionen von Einwegflaschen. Die beworbenen Ressourceneinsparungen sowie die Reduktion des CO_2-Ausstoßes sind weiterhin deutlich niedriger als bei Mehrwegflaschen (Verbraucherzentrale 2019). Der ehemalige Staatssekretär und Geschäftsführer der Initiative Mehrweg Clemens Stroetmann Stiftung kommentiert: „Das Recycling von Plastikflaschen wird vom Discounter Lidl in aufwendigen Werbefilmen als Öko-Innovation dargestellt und gefeiert. Dabei ist dies ein alter Hut, denn Mehrwegflaschen werden nach ihrem langen Produktleben bereits seit mehr als vierzig Jahren recycelt" (Deutsche Umwelthilfe 2016). Somit verkauft sich Lidl in der Werbekampagne „Jede Flasche zählt" öffentlichkeitswirksam grüner, als es tatsächlich der Fall ist.

5.2.3 Lidl – „verantwortlicher verpackt"-Logo

Um mehr Transparenz zu schaffen und den Kunden zu helfen, nachvollziehen zu können, wie sich die neuen Verpackungen der Produkte von den bisherigen unterscheidet bzw. was diese umweltfreundlicher und verantwortungsbewusster macht, hat das Unternehmen im Juli 2019 das „verantwortlicher verpackt"-Logo auf den Markt gebracht. Dieses kennzeichnet ab sofort die Verpackungen der Lidl-Eigenmarken.

Abbildung 7 Lidl: „verantwortlicher verpackt"-Logo
(Quelle: Lidl, 2019)

Dabei müssen die Verpackungen, die dieses Logo erhalten, mindestens eines der nachfolgenden Merkmale aufweisen:

- Recyclingfähigkeit von mindestens 80 %
- Rezyklatanteil von mindestens 30 %
- Einsatz von alternativen Materialien
- Einsparung von Volumen oder Gewicht des Verpackungsmaterials von mindestens 10 %

Mit dieser Maßnahme geht der Discounter nach eigenen Angaben aktiv gegen die Plastikmüllproduktion vor (Lidl 2019). „Wer Plastik in den Verkehr bringt, muss sich auch aktiv um die Reduzierung sowie eine höhere Recyclingfähigkeit des Materials kümmern", so der Geschäftsleiter im Einkauf bei Lidl Deutschland, Jan Bock. Demgegenüber steht jedoch die im Juni 2019 in einer Pressemitteilung bekannt gegebene Nominierung des Discounters für den Negativpreis „Goldener Geier" der Deutschen Umwelthilfe. Denn Lidl hat ein einzelnes Kuchenstück, das von einer dreieckigen Hartplastikverpackung umhüllt ist, in seine Filialen gebracht. Der Geschäftsführer der DUH gibt an: „In keinem Land in Europa fällt so viel Verpackungsmüll an wie in Deutschland. Die nominierten Verpackungen von Lidl, Nestlé, Haribo und Co. spiegeln diese Entwicklung wider und zeigen, dass Hersteller und Händler noch immer in verschwenderischer Weise mit begrenzt vorhandenen Ressourcen umgehen und die Verschmutzung der Umwelt in Kauf nehmen" (Deutsche Umwelthilfe 2019).

5.2.4 Kooperation mit Bioland

Im Oktober 2018 hat Lidl die Kooperation mit dem wegweisenden Verband für ökologischen Landbau, sowohl in Deutschland, als auch in Südtirol – Bioland – gestartet. Auf der Website von Lidl ist dieser Kooperation eine ganze Seite gewidmet. Unter dem Begriff „Bioland-Kooperation" stellt der Discounter alle wichtigen Informationen der Zusammenarbeit vor. „Gemeinsames Ziel ist es, hochwertige und heimische Bio-Produkte auf breiter Basis in die Gesellschaft zu bringen sowie sich langfristig für die Weiterentwicklung einer nachhaltigen Land- und Lebensmittelwirtschaft einzusetzen", so Lidl. Im Herbst 2018 sind die ersten Produkte von Bioland in den Filialen des Discounters gelistet worden. Seit Beginn dieses Jahres trägt zudem ein Großteil der Eigenmarken-Molkereiprodukte von Lidl „BioOrganic" das Biolandzeichen (Lidl o.J.). Weiterhin hat der Discounter auf seinem Youtube-Kanal verschiedene Videos veröffentlicht, die Bioland Produkte, die bei Lidl erhältlich sind, vorstellen und bewerben. In diesen Videos werden beispielsweise die Bauern und Gärtner interviewt sowie Produktionsvorgänge transparent offengelegt und die Zusammenarbeit des Discountes mit dem Verband für ökologischen Landbau öffentlichkeitswirksam beworben. Auch vor Lidl Filialen werben Großplakate für die Kooperation (Lidl 2018). Gerald Wehde, Pressesprecher bei Bioland, gibt in einem Interview mit dem stern an, dass die Lidl-Kooperation „mit Greenwashing nichts zu tun hat. Dann hätte es auch keinen Vertrag gegeben. Lidl ist an einer ernsthaften Sortimentsumstellung interessiert" (Snieguole Wachter 2018).

5.3 Ernsthaftigkeit der Absichten von Lidl – Green Marketing oder Greenwashing?

Die Zielsetzung des Unternehmens, „Deutschlands nachhaltigster Discounter zu werden" (Lidl 2019), scheint im Hinblick auf die in der Arbeit näher betrachteten Marketingmaßnahmen verantwortungsbewusst zu sein. Jedoch stehen einige oben genannte Beispiele im Gegensatz zueinander. So steht die Nominierung zum Negativpreis des einzeln verpackten Kuchenstücks im Widerspruch zu den von Lidl beworbenen und kommunizierten ökologieorientierten Nachhaltigkeitsbestrebungen, die einen positiven Beitrag zur Vermeidung von Plastikabfällen leisten sollen. Des Weiteren werden nur Eigenmarkenprodukte des Discounters mit dem „verantwortlicher verpackt"-Logo gekennzeichnet, Produkte anderer Hersteller werden somit außen vor gelassen und die Marketingmaßnahme wird genutzt, um einen hohen Wiedererkennungswert der eigenen Produkte zu gewährleisten und somit Wettbewerbsvorteile zu schaffen. Weiterhin werden lediglich Verhältnisangaben statt Absolutangaben auf den mit dem Logo gekennzeichneten Verpackungen gemacht, was die Transparenz der angegebenen Zahlen einschränkt. Ist eine Verpackung beispielsweise mit einer Einsparung von Volumen oder Gewicht des Verpackungsmaterials von 10 % gekennzeichnet, sagt diese Angabe nichts darüber aus, wie

Beispiel eines Unternehmens: Grünes Marketing bei Lidl

viel Verpackungsmaterial weiterhin bestehen bleibt und wie dies im Vergleich zu den Verpackungen anderer Hersteller abschneidet. Wie bereits in Kapitel 4.2 Ökozertifizierungen erwähnt, gibt es in Deutschland kein gesetzliches Regelwerk für Zertifizierungen und Siegel. Lidl nutzt diese Lücke in der Gesetzgebung, um eine Kennzeichnung selbst zu modellieren und zu gestalten. Auch die beworbene Lidl-Kreislaufflasche ist nach näherem Hinsehen nicht so grün wie angepriesen, denn längst gibt es mit Mehrwegflaschen ressourcensparendere und umweltbewusstere Alternativen zu Einweg-PET-Flaschen.

Für erfolgreiches Green Marketing ist es von Bedeutung, ökologische Aspekte in das tägliche Wirtschaften sowie alle Stufen der Wertschöpfungskette zu integrieren und diese zu kommunizieren. Ein erster Erfolgsfaktor ist hierbei eine Zielstrategie aufzustellen und zu verfolgen (Meffert, Burmann, et al. 2019, S. 425). Dies ist dem Discounter mit der Lidl-Nachhaltigkeitsstrategie 2030, die sowohl kurz- als auch langfristige Ziele entlang der Wertschöpfungskette impliziert und Teil des Nachhaltigkeitsberichtes „Heute für Morgen Handeln" ist, gelungen (Lidl 2019). Lidl verfolgt konkret benannte Ziele, gibt Maßnahmen sowie Kennzahlen an und legt diese Strategie transparent offen.

Die Kooperation mit Bioland, die der Discounter mit dem Ziel bewirbt, sich auf lange Sicht für die Verbesserung und Verbreitung der ökologieorientierten Land- und Lebensmittelwirtschaft zu engagieren ist weiteres Indiz dafür, dass der

Discounter ernsthaft an nachhaltigerem Wirtschaften interessiert ist und nicht alle Marketingmaßnahmen lediglich Greenwashing-Maßnahmen zur Imageverbesserung darstellen. Um die Partnerschaft mit Bioland eingehen zu können, hat Lidl einen Vertrag unterzeichnet und zeigt somit ernsthaftes Interesse an einer Sortimentsumstellung. Festzuhalten ist, dass es nach aktuellem Stand noch vielseitige Verbesserungsmöglichkeiten hinsichtlich des Ökologiebezugs des Discounters gibt und auch einige Marketingmaßnahmen Greenwashing zugeordnet werden können. Die Lidl-Kreislaufflasche wird beispielsweise als grüner beworben, als sie es letztendlich tatsächlich ist. Jedoch ist eine langfristig ausgelegte ökologieorientierte Strategie des Discounters zu erkennen und es wurden bereits einige Schritte in eine verantwortungsbewusstere Richtung gemacht sowie Maßnahmen umgesetzt. Grundsätzlich können deshalb nicht alle grünen Marketingmaßnahmen als Greenwashing degradiert werden, da die Ernsthaftigkeit des Discounters zu erkennen ist. Fest steht jedoch, dass der Weg in die Nachhaltigkeit noch weit ist.

6 Handlungsempfehlungen und Fazit

6.1 Handlungsempfehlungen für Unternehmen

Mit der Zunahme des Umweltbewusstseins und dem Wertewandel der Gesellschaft wächst die Relevanz des Green Marketings in der heutigen Zeit weiter und das Konzept der Nachhaltigkeit nimmt für die Wirtschaftswissenschaften einen immer höheren Stellenwert ein. Viele Verbraucher überdenken ihren Konsum und die Entwicklung hin zu einem bewussteren und nachhaltigeren Lebensstil schreitet immer weiter voran. Dies hat zur Folge, dass der Markt für ökologisch nachhaltig produzierte Waren und Dienstleistungen immer größer wird und somit ein Milliardenmarkt für Unternehmen bietet. Die erhöhte Nachfrage der Verbraucher nach umweltfreundlicheren Produkten und Dienstleistungen schafft neue Perspektiven für Unternehmen, umweltfreundlichere Angebote sowohl einzuführen, als auch zu bewerben. Gleichzeitig können Umsätze gesteigert werden und es besteht die Möglichkeit, durch Green Marketing das Unternehmensimage zu verbessern. Um die Bedürfnisse der Verbraucher weiter zu befriedigen und die sich daraus entwickelnden Marktchancen zu ergreifen, muss das Marketing in Unternehmen umgestellt werden. Aufgabe des Green-Marketings ist es deshalb, die Marktorientierung von Unternehmen mit einer Umweltorientierung zusammenzuführen. Die Kommunikation der umweltverträglichen Attribute von Produkten und Dienstleistung ist damit von essentieller

Bedeutung, um Wettbewerbsvorteile für Unternehmen zu schaffen und Konsumenten bei der Kaufentscheidung zu beeinflussen.

Ökologieorientierte und nachhaltige Produkte bedürfen eines glaubwürdigen Marketings, um Konsumenten davon zu überzeugen, dass es sich bei diesen Produkten zwischen den heute weit verbreiteten Greenwashing-Kampagnen, unzähligen verschiedenen Zertifizierungen, Siegeln und Werbeversprechen tatsächlich um Produkte handelt, die sowohl einen Beitrag zu der Verbesserung der Welt leisten, als auch einen Nutzen für den Konsumenten stiften. Ökologiebezug sollte keine Werbemasche darstellen, sondern auf jeder Wertschöpfungsstufe praktiziert und gelebt werden – innerhalb des Unternehmens und nach außen. Für Unternehmen ist es dabei von besonderer Wichtigkeit, ein sowohl transparentes als auch authentisches Bild von sich zu vermitteln. Wird das Unternehmen durch Marketingmaßnahmen in ein ökologisch positives Bild gerückt, sollten diesen Worten und Versprechungen Taten vorausgehen oder folgen, denn leere Werbeversprechen können zu dem Verlust der Glaubwürdigkeit und des Vertrauens der Konsumenten führen. Der Ökologiebezug sollte vollständig in ein Unternehmen integriert sowie nachhaltig und langfristig ausgelegt sein. Unternehmen müssen ihren Werbeversprechen nachkommen, um an Glaubwürdigkeit zu gewinnen und Vertrauen zu erlangen – denn ist eine langfristige ökologische Strategie und Ausrichtung erkennbar, kann das Unternehmen dem Verdacht entgegenwirken, dass ökologisches Marketing lediglich als Verkaufsförderungsmaßnahme sowie für die Imageaufbesserung genutzt wird. Jedoch ist es für Unternehmen auch wichtig, nicht nur ökologisch zu handeln, sondern dies auch zu kommunizieren und nach außen zu tragen, um positiv bei Konsumenten zu erscheinen. Weiterhin ist eine nachhaltige Entwicklung für Unternehmen nur möglich, wenn ökonomische, ökologische sowie soziale Ziele zeitgleich und gleichwertig umgesetzt werden.

Diese Arbeit hat erörtert, wie die Instrumente des ökologischen Marketing-Mix dabei helfen können, nachhaltige und umweltbewusste Produkte besser zu vermarkten und am Markt zu positionieren. Die ökologieorientierte Produktpolitik versucht dabei, umweltorientierte Bedürfnisse von Verbrauchern bzw. Nachfragern langfristig zu befriedigen. So spielen beispielsweise die Wiederverwendbarkeit bzw. Recycelbarkeit von Produkten eine wesentliche Rolle. In der ökologieorientierten Preispolitik können verschiedene Maßnahmen wie Preisdifferenzierungen, monetäre Motivationssysteme sowie Ausgleichskalkulationen zugunsten von ökologischen Produkten ergriffen werden. Wesentliche Aspekte der ökologieorientierten Distributionspolitik ist die Etablierung von Redistributionssystemen sowie die Umstellung auf umweltbewusstere und effizientere Transportmöglichkeiten. Die ökologieorientierte Kommunikationspolitik kann sowohl die Reputation als auch das Image eines Unternehmens positiv beeinflussen. Beispielhafte Maßnahmen, die in der

Handlungsempfehlungen und Fazit

Arbeit zugrunde gelegt werden, sind das Benutzen von Öko-Zertifizierungen, PR-Maßnahmen wie Nachhaltigkeitsberichten sowie Umweltsponsoring. Unternehmen können sich außerdem über ihre Website und ihren Internetauftritt zum Thema Nachhaltigkeit positionieren und ihre Strategie, ihre Ziele sowie Maßnahmen und Kennzahlen transparent und ehrlich offenlegen.

Das Unternehmensbeispiel Lidl hat gezeigt, dass ein Umdenken auch im unternehmerischen Sektor zu verzeichnen ist und dass sich mittlerweile auch die im unteren Preissegment angesiedelten Discounter über nachhaltiges Wirtschaften Gedanken machen und versuchen, ihre Unternehmensstrukturen zu verändern, um einen positiven Beitrag für die Umwelt zu leisten sowie einen Teil des Marktes für ökologische Produkte und Dienstleistungen zu bedienen und dies auch mittels verschiedenster Marketingmaßnahmen nach außen kommunizieren. Sicherlich sind es nicht ausschließlich altruistische Motivationen und Gründe, nach denen die Konzerne und auch der Discounter Lidl handeln und es ist weiterhin eine Herausforderung, Nachhaltigkeit und die Discounter-Mentalität zu vereinen, jedoch findet eine Bewegung in eine verantwortungsbewusstere Richtung statt.

Eine authentische Wechselbeziehung zwischen Ökologie und Marketing-Maßnahmen und deren glaubhafte und transparente Kommunikation können einen Mehrwert für sowohl die Unternehmen, als auch für die Gesellschaft sowie die Umwelt schaffen. Transparenz, Authentizität, Glaubwürdigkeit und reales Verantwortungsbewusstsein sind dabei jedoch von maßgebender Wichtigkeit. Grundsätzlich kann und sollte von Unternehmen, die Jahrzehnte lang nicht auf Nachhaltigkeit und Umweltbewusstsein ausgelegt waren, nicht erwartet werden, alle Bereiche des Unternehmens auf kurze Sicht zu verändern. Es bedarf einer langfristig ausgelegten Strategie und Planung, um eine nachhaltige Entwicklung sowie nachhaltiges Wirtschaften zu ermöglichen.

Letztendlich ist dabei jedoch jeder Schritt in die Richtung eines nachhaltigeren Wirtschaftens ein Schritt in die richtige Richtung und der Trend der Weltrettung als Marketingstrategie hat somit sowohl positive, als auch negative Seiten und kann, wenn richtig angewendet, einen enormen Mehrwert für Unternehmen schaffen.

6.2 Handlungsempfehlungen für Verbraucher

Im Hinblick auf die Greenwashing-Kampagnen, die heute von vielen Unternehmen gestartet werden, sollten sich Verbraucher zuerst einmal diverse Fragen stellen, die schon ein Indiz dafür sein könnten, ob es sich bei einer bestimmten Werbemaßnahme möglicherweise um Greenwashing handeln könnte. Das Ziel des Werbespots des Energiekonzerns RWE, der als Fallbeispiel in der Arbeit ergründet wurde, war die Imageverbesserung und der umweltbewusste Auftritt nach außen. Obwohl das Kerngeschäft des Energieriesen durch Kohlegewinnung geprägt ist, vermittelt der Imagespot ein gänzlich anderes Bild an die Öffentlichkeit. Grundsätzlich ist es ratsam nicht unbedacht alles zu glauben, was von Unternehmen vermittelt und kommuniziert wird, sondern sich ergänzende Informationen über die Situation des Unternehmens zu besorgen, um Maßnahmen kritisch hinterfragen zu können. Warum wird diese Anzeige oder diese Aktivität ausgerechnet jetzt vom Unternehmen beworben? Gibt es möglicherweise Konflikte oder aktuelle Probleme des Unternehmens oder der gesamten Branche, in der das Unternehmen tätig ist? Gibt es Anzeichen dafür, dass möglicherweise politische Veränderungen durch die Maßnahmen verhindert oder gebremst werden sollen? Ein Blick in die aktuellen Berichterstattungen von Massenmedien zu werfen oder das Internet für Recherchearbeiten zu nutzen kann dafür von großer Bedeutung sein, da sich hier verschiedene Hintergrundinformationen finden lassen. Vertrauenswürdige Quellen können hierfür unter anderem veröffentliche, unabhängige Studien sein.

Weiterhin können sich Verbraucher über das „Siegelklarheit"-Projekt, ins Leben gerufen von der Bundesregierung, über verschiedene Siegeln in unterschiedlichsten Produktsparten (Lebensmittel, Wasch-und Reinigungsmittel, Textilien, etc.), informieren (BMZ, 2019). Die App „Siegel-Check", die Hintergrundinformationen zu unterschiedlichsten Siegeln liefert, wurde von dem Naturschutzbund NABU entwickelt und kann ebenfalls zur Informationsgewinnung genutzt werden (NABU, o.J.).

Handlungsempfehlungen und Fazit

Essentiell ist jedoch die Schaffung eines Bewusstseins dafür, dass die umweltfreundlichste und nachhaltigste Lösung ist, weniger bzw. bewusster zu konsumieren.

Literaturverzeichnis

AMA. (2013). *Definitions of Marketing.* Abgerufen am 4. September 2019 von American Marketing Association: https://www.ama.org/the-definition-of-marketing/

Arseculeratne, D., & Yazdanifard, R. (2014). *How Green Marketing Can Create a Sustainable Competitive Advantage for a Business.* Kuala Lumpur, Malaysia: Canadian Center of Science and Education.

Balderjahn, I. (2003). *Nachhaltiges Marketing-Management: Möglichkeiten einer umwelt- und sozialverträglichen Unternehmenspolitik.* Stuttgart: Lucius & Lucius.

Balderjahn, I. (2004). *Nachhaltiges Marketing-Management: Möglichkeiten einer umwelt- und sozialverträglichen Unternehmenspolitik.* Stuttgart: Lucius & Lucius.

Berzbach, A. (21. März 2016). *SKA Network Digital Transformation for sustainable brands.* Abgerufen am 27. August 2019 von http://blog.ska-network.com/green-marketing/nachhaltigkeit-trend-edeka-green-marketing-teil-3/

BIESALSKI, & COMPANY. (2018). *Was ist ein guter Ruf wert?* Abgerufen am 15. September 2019 von https://biesalski-company.com/wp-content/uploads/2018/11/Corporate-Reputation-Score-2018.pdf

BMZ. (2019). *Nachhaltig einkaufen. Siegel verstehen. Einen Beitrag leisten.* Abgerufen am 20. September 2019 von Siegelklarheit: https://www.siegelklarheit.de/home

Literaturverzeichnis

BMZ. (o.J.). *Agenda 2030*. Abgerufen am 14. Juli 2019 von Bundesministerium für wirtschaftliche Zusammenarbeit und Entwicklung: https://www.bmz.de/de/ministerium/ziele/2030_agenda/historie/rio_plus20/index.html

Bundeswahlleiter. (2019). *Europawahl 2019*. Abgerufen am 4. August 2019 von https://www.bundeswahlleiter.de/europawahlen/2019/ergebnisse.html

Busch, U. (21. November 2012). *"Werbung verursacht alle Arten von Schäden"*. Abgerufen am 27. August 2019 von Verlag Werben & Verkaufen: https://www.wuv.de/agenturen/werbung_verursacht_alle_arten_von_schaeden

Carlowitz, H. C., & (Hrsg.), J. H. (2013). *Sylvicultura oeconomica oder Haußwirthliche Nachricht und Naturmäßige Anweisung zur Wilden Baum-Zucht*. München: Oekom.

Diekamp, K., & Koch, W. (2010). *Eco Fashion. Top-Labels entdecken die Grüne Mode*. München: stiebner.

DUH. (25. Januar 2016). *Deutsche Umwelthilfe wirft Lidl Verbrauchertäuschung bei seiner Werbung für angeblich umweltfreundliche Plastikflaschen vor*. Abgerufen am 05. September 2019 von Deutsche Umwelthilfe: https://www.duh.de/presse/pressemitteilungen/pressemitteilung/deutsche-umwelthilfe-wirft-lidl-verbrauchertaeuschung-bei-seiner-werbung-fuer-angeblich-umweltfreund/?no_cache=1&cHash=83d4bbdc964cfd0522d5fe8b398a0ac8

Literaturverzeichnis

DUH. (22. Juli 2019). *Negativpreis „Goldener Geier": Deutsche Umwelthilfe ruft zur Wahl der unsinnigsten Plastikverpackung des Jahres 2019 auf.* Abgerufen am 05. September 2019 von Deutsche Umwelthilfe: https://www.duh.de/presse/pressemitteilungen/pressem itteilung/negativpreis-goldener-geier-deutsche-umwelthilfe-ruft-zur-wahl-der-unsinnigsten-plastikverpackung/

Ekardt, F. (2011). *Theorie der Nachhaltigkeit. Rechtliche, ethische und politische Zugänge – am Beispiel von Klimawandel, Ressourcenknappheit und Welthandel.* Baden Baden: Nomos.

Emrich, C. (2015). *Nachhaltigkeits-Marketing-Management: Konzept, Strategien, Beispiele.* Oldenburg: De Gruyter.

FFF. (2019). *WIR SIND FRIDAYS FOR FUTURE.* Abgerufen am 4. August 2019 von Fridays for Future: https://fridaysforfuture.de

Focus. (27. Januar 2016). *Mit dieser Aktion wollte Lidl sein Image aufbessern und bekommt jetzt richtig Ärger.* Abgerufen am 28. August 2019 von Online Focus: https://www.focus.de/finanzen/videos/jede-flasche-zaehlt-mit-dieser-aktion-wollte-lidl-sein-image-aufbessern-und-bekommt-jetzt-richtig-aerger_id_5241785.html

Gelbrich, K., Wünschmann, S., & Müller, S. (2018). *Erfolgsfaktoren des Marketing.* München: Vahlen.

Gutberlet, S., & Kern, S. (2007). *Corporate Social Responsibility - Wie verantwortungsbewusst und nachhaltig agieren deutsche Familienunternehmen?* INTES Zentrum für Familienunternehmen. Vallendar.

Hüser, A. (1996). *Marketing, Ökologie und ökonomische Theorie Abbau von Kaufbarrieren bei ökologischen Produkten durch Marketing.* Wiesbaden: Deutscher Universitätsverlag.

Hopfenbeck, W. (1990). *Umweltorientiertes Management und Marketing, Konzepte - Instrumente - Praxisbeispiele.* Landsberg/Lech: verlag moderne industrie AG & Co.

Jonker, J., Stark, W., & Tewes, S. (2011). *Corporate Social Responsibility und nachhaltige Entwicklung. Einführung, Strategie und Glossar.* Heidelberg: Springer.

Keul, N. (2011). *RWE Werbespot - Der Energieriese.* Abgerufen am 02. September 2019 von https://www.youtube.com/watch?v=VBHIpxVFi50

Kirig, A., Rauch, C., & Wenzel, E. (2007). *Zielgruppe LOHAS: wie der grüne Lifestyle die Märkte erobert.* Zukunftsinstitut.

Kleine, A. (2009). Die drei Dimensionen einer Nachhaltigen Entwicklung. In A. Kleine, *Operationalisierung einer Nachhaltigkeitsstrategie.* Springer Gabler.

Kotler, P. (1991). *Marketing Management: Analysis, Planning, Implementation and Control.* Englewood Cliffs: Journal of Markeitng Management, Prentice-Hall.

Kumar, R. (2013). *Green Marketing - A Brief Reference to India.* Indien: Asian Journal of Multidisciplinary Studies.

Literaturverzeichnis

Lidl. (27. Dezember 2018). *Bioland Lidl lohnt sich*. Abgerufen am 12. September 2019 von Lidl: https://www.youtube.com/watch?v=CrXOigQVDYs

Lidl. (2019). *FORTSCHRITTSBERICHT ZUR NACHHALTIGKEIT BEI LIDL GESCHÄFTSJAHR 2018*. Abgerufen am 26. 08 2019 von Lidl: https://www.lidl-nachhaltigkeit.de/nachhaltigkeit-bei-lidl/fortschrittsbericht-zur-nachhaltigkeit-bei-lidl-geschaeftsjahr-2018/#kennzahlen

Lidl. (24. Juni 2019). *Lidl-Nachhaltigkeitsstrategie 2030: Messbare Ziele und konkrete Maßnahmen entlang der Wertschöpfungskette*. Abgerufen am 13. September 2019 von Lidl: https://unternehmen.lidl.de/pressreleases/190624_fortschrittsbericht-nachhaltigkeit

Lidl. (2019). *WENIGER IST MEHR: WIE WIR SUKZESSIVE PLASTIK REDUZIEREN*. Abgerufen am 07. September 2019 von Lidl: https://www.lidl-nachhaltigkeit.de/nachhaltigkeit-bei-lidl/plastikreduktion/

Lidl. (o.J.). *Geschichte*. Abgerufen am 24. August 2019 von Lidl: https://www.lidl.de/de/geschichte/s1243

Lidl. (o.J.). *Warum Lidl Bioland ausgesucht hat... und umgekehrt*. Abgerufen am 12. 09 2019 von Lidl: https://www.lidl.de/de/bioland/s7378652

Lyon, T. P., & Maxwell, J. W. (2011). *Greenwash: Corporate Environmental Disclosure under Threat of Audit*. Wiley Periodicals, Inc. Journal of Economics & Management Strategy.

Müller, U. (November 2007). *Greenwash in Zeiten des Klimawandels - Wie Unternehmen ihr Image grün färben.* Abgerufen am 12. August 2019 von LobbyControl – Initiative für Transparenz und Demokratie: https://www.lobbycontrol.de/download/greenwash-studie.pdf

Mathieu, P. (2002). *Unternehmen auf dem Weg zu einer nachhaltigen Wirtschaftsweise.* Kassel: Gabler Edition Wissenschaft.

Meffert, H., Burmann, C., Kirchgeorg, M., & Eisenbeiß, M. (2018). *Marketing Grundlagen marktorientierter Unternehmensführung Konzepte – Instrumente – Praxisbeispiele.* Wiesbaden: Springer Gabler.

Meffert, H., Burmann, C., Kirchgeorg, M., & Eisenbeiß, M. (2019). *Marketing Grundlagen marktorientierter Unternehmensführung Konzepte – Instrumente – Praxisbeispiele.* Wiesbaden: Springer Gabler.

Myers, J., & Whiting, K. (16. Januar 2019). *These are the biggest risks facing our world in 2019.* Abgerufen am 8. August 2019 von World Economic Forum: https://www.weforum.org/agenda/2019/01/these-are-the-biggest-risks-facing-our-world-in-2019/

NABU. (o.J.). *Der NABU-Siegel-Check.* Abgerufen am 20. September 2019 von Naturschutzbund NABU: https://www.nabu.de/umwelt-und-ressourcen/oekologisch-leben/essen-und-trinken/bio-fair-regional/labels/16627.html

Nguyen, T. T., & Nguyen, T. D. (2016). *Green Marketing Strategy - A New Trend for Businesses in Vietnam.* IEEE. Vietnam: International Conference on Green Technology and Sustainable Development (GTSD).

Parguel, B., Benoit-Moreau, F., & Russell, C. A. (09. Januar 2015). *Can evoking Nature in Advertising mislead Consumers? The Power of Executional Greenwashing.* Abgerufen am 15. August 2019 von International Journal of Advertising: https://www.researchgate.net/publication/280556163_Can_Nature-Evoking_Elements_in_Advertising_Greenwash_Consumers_The_Power_of_%27Executional_Greenwashing

Peattie, K., & Crane, A. (2005). *Green marketing: legend, myth, farce or prophesy?* Qualitative Market Research: An International Journal. Emerald Group Publishing Limited.

Polonsky, M. J., & Rosenberger, P. (2001). *Reevaluating Green Marketing: A Strategic Approach.* Business Horizons.

Prexl, A. (2010). *Nachhaltigkeit kommunizieren - nachhaltig kommunizieren.* Wiesbaden: Springer VS.

Ranalli, S., Reitbauer, S., & Ziegler, D. (2009). *TrendReport Grün.* Unterföhring: SevenOne Media GmbH.

Snieguole Wachter, D. (15. Oktober 2018). *Bei Lidl gibt's bald Bioland: Warum das eine Sensation ist.* Abgerufen am 15. September 2019 von stern: https://www.stern.de/genuss/essen/lidl-kooperiert-mit-bioland--warum-das-eine-sensation-ist-8402130.html

Staud, T. (2009). *Grün, grün, grün ist alless was wir kaufen. Lügen, bis das Image stimmt.* Köln: Kiepenheuer & Witsch.

Stehr, C., & Struve, F. (2017). *CSR und Marketing - Nachhaltigkeit und Verantwortung richtig kommunizieren.* Wiesbaden: Gabler Verlag.

TerraChoice. (2010). *SINS OF GREENWASHING STUDY.* (U. Laboratories, Produzent) Abgerufen am 16. August 2019 von TerraChoice: http://sinsofgreenwashing.com/index35c6.pdf

Verbraucherzentrale. (03. Januar 2019). *Mehrweg oder Einweg: Verwirrung total beim Pfand.* Abgerufen am 05. September 2019 von Verbraucherzentrale: https://www.verbraucherzentrale.de/wissen/umwelt-haushalt/abfall/mehrweg-oder-einweg-verwirrung-total-beim-pfand-11504

VuMA. (14. November 2018). *Die Studie.* Abgerufen am 25. August 2019 von VuMA Touchpoints: https://www.vuma.de/vuma-praxis/die-studie/

WCED. (1987). *Our Common Future.* Abgerufen am 03. August 2019 von World Commission on Environment and Development: https://sustainabledevelopment.un.org/content/documents/5987our-common-future.pdf

Wenzel, E., Kirig, A., & Rauch, C. (2008). *Greenomics. Wie der grüne Lifestyle Märkte und Konsumenten verändert.* München: Redline Wirtschaftsverlag.

Yazdanifard, R., & Erdoo Mercy, I. (2011). *The impact of Green Marketing on Customer satisfaction and Environmental safety.* International Conference on Computer Communication and Management. Singapore.

Anlagen

Bevölkerung in Deutschland nach ihrer Einstellung zu der Aussage "Beim Kauf von Produkten ist es mir wichtig, dass das jeweilige Unternehmen sozial und ökologisch verantwortlich handelt" von den Jahren 2015 bis 2018 (in Millionen)

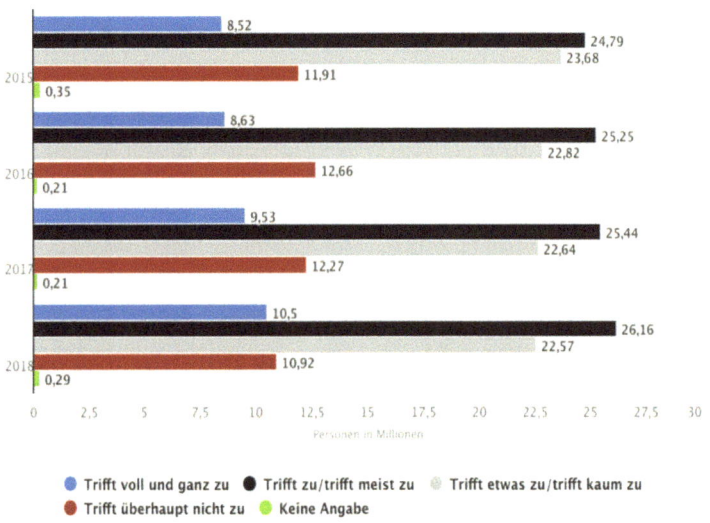

Region: Deutschland

Erhebungszeitraum: 2015 bis 2018

Altersgruppe: ab 14 Jahre

Besondere Eigenschaften: deutschsprachige Bevölkerung

Art der Befragung: Face-to-Face-Interviews

Informationen zur Grundgesamtheit: Basis = deutschsprachige Bevölkerung ab 14 Jahre

Informationen zur gesamten Stichprobe:

2015: 23.090 Befragte, Hochrechnung auf 69,24 Mio. Personen

2016: 23.102 Befragte, Hochrechnung auf 69,56 Mio. Personen

2017: 23.106 Befragte, Hochrechnung auf 70,09 Mio. Personen

2018: 23.086 Befragte, Hochrechnung auf 70,45 Mio. Personen

Die abgebildeten Werte beziehen sich auf folgende Studien:

2015: VuMA 2016

2016: VuMA 2017

2017: VuMA 2018

2018: VuMA 2019